Hanna Burger

Gendersensibler Unterricht in der Grundschule

Mehr Chancengleichheit jenseits von Geschlechterrollen

Bibliografische Information der Deutschen Nationalbibliothek:

Die Deutsche Nationalbibliothek verzeichnet diese Publikation in der Deutschen Nationalbibliografie; detaillierte bibliografische Daten sind im Internet über http://dnb.d-nb.de abrufbar.

Impressum:

Copyright © Science Factory 2020

Ein Imprint der GRIN Publishing GmbH, München

Druck und Bindung: Books on Demand GmbH, Norderstedt, Germany

Covergestaltung: GRIN Publishing GmbH

Inhaltsverzeichnis

1 Einleitung 1

2 Die Grundschule als Lebens- und Lernort 3

3 Theoretische Einführung 5

    3.1 Begriffsdefinition von Gender 5

    3.2 Status quo der Geschlechterforschung 6

    3.3 Gender-Stereotypisierung 7

    3.4 Doing Gender 7

    3.5 Gender Mainstreaming 9

    3.6 Gendersensibler Unterricht 10

4 Geschlechterunterschiede in der Grundschule 11

    4.1 Historische Perspektive 11

    4.2 Studienergebnisse 13

    4.3 Erklärungsansätze der Befunde 16

    4.4 Relevanz der Thematik für die Grundschule 18

5 Umsetzung einer gendersensiblen Pädagogik im Unterricht der Grundschule – eine Übersicht über ausgewählte Handlungsfelder und Aspekte 22

    5.1 Toleranz der Vielfalt 23

    5.2 Professionalität der Lehrkräfte im Umgang mit der Gender-Problematik 32

6 Fazit 41

7 Ausblick 43

Literaturverzeichnis 46

1 Einleitung

Aus einer distanzierten Perspektive scheint koedukativer Unterricht – die gemeinsame Beschulung von Jungen und Mädchen – in der Primarstufe Chancengleichheit herzustellen. Bei näherer Betrachtung wird jedoch unverkennbar, dass dem Ziel, Mädchen und Jungen unabhängig von tradierten Geschlechterrollen individuelle Zukunftschancen zu ermöglichen, nach wie vor Hindernisse im Weg stehen (vgl. *Glockentöger/Adelt*, 2017, 111).

In den letzten zwanzig Jahren ereignete sich eine intensive Auseinandersetzung mit der Gender-Thematik und es wurden entsprechende Programme zur Überwindung von Geschlechterzuschreibungen im Unterricht entwickelt. Dennoch lassen sich weiterhin verfestigte Geschlechterstereotype bei Heranwachsenden beobachten, die sich bis ins Erwachsenenalter auf die individuellen Lebensentwürfe auswirken (vgl. *Glockentöger/Adelt*, 2017, 156).

Das Geschlecht, als eine hochwirksame gesellschaftliche Strukturkategorie, spielt im Unterricht der Primarstufe eine wesentliche Rolle. Die Geschlechtszugehörigkeit sowie die damit einhergehenden Rollenerwartungen und -zuschreibungen gelten als zentrale Faktoren in der Entwicklung von Grundschulkindern (vgl. *Rendtorff*, 2016, 7). Die Schule, die kein geschlechtsneutrales Entwicklungsklima bietet, muss sich daher der Aufgabe bewusst werden, jedem Kind unabhängig vom Geschlecht identische Entwicklungsmöglichkeiten zu gewährleisten und gleiche Qualifikationen auszubilden (vgl. *Gardlo/Rühmeier*, 2015, 5). Jede Lehrkraft kann und sollte demnach einen Teil zu der Entwicklungsaufgabe, die Grundschule genderbewusster zu machen, beitragen. Dies kann durch die Abwendung von

Einleitung

herkömmlichen Stereotypen und einer Öffnung für eine Erweiterung des Rollenspektrums geschehen (vgl. *Stadler-Altmann*, 2013, 12).

In der vorliegenden Arbeit findet eine umfassende Einführung in den Sachverhalt anhand der Ausgangssituation, der Problemstellung und entsprechender Zielsetzungen statt, um eine Grundlage für adäquate Analysen zu schaffen. Als Ausgangspunkt wird im zweiten Kapitel die Grundschule als Lebens- und Lernort näher beschrieben. Im dritten Kapitel werden die für diese Arbeit relevanten Begriffe als theoretisches Fundament eingehend erläutert. Nach dieser Einführung in die Thematik wird die Relevanz einer gendersensiblen Pädagogik in der Grundschule des 21. Jahrhunderts unter der Betrachtung von Geschlechterdifferenzen und deren Erklärungsansätzen dargelegt. Darauf aufbauend werden ausgewählte Handlungsfelder und Aspekte zur Umsetzung einer gendersensiblen Pädagogik im Unterricht in Anlehnung an die Leitlinien der Kultusministerkonferenz „zur Sicherung der Chancengleichheit durch geschlechtersensible schulische Bildung und Erziehung" (*Ständige Konferenz der Kultusminister der Länder in der Bundesrepublik Deutschland*, 2016) erläutert. Dabei werden Methoden der unterrichtlichen Realisierung sowie die Professionalität der Lehrkräfte im Umgang mit der Gender-Problematik erörtert. Die Frage nach Möglichkeiten und Strategien, Grundschulen als Entwicklungsaufgabe des 21. Jahrhunderts gendersensibler zu gestalten, steht im Fokus dieser Arbeit. Dabei soll der Weg hin zu einem Unterricht, der für Chancengleichheit, freie Entfaltung jenseits von Geschlechternormen und die Verbesserung von Lehr-Lern-Prozessen steht, geebnet werden.

2 Die Grundschule als Lebens- und Lernort

Im Schuljahr 2016/17 wurden an Grundschulen in Baden-Württemberg circa 93.000 Kinder eingeschult (vgl. *Statistisches Landesamt Baden-Württemberg*, 2018). Diese Kinder lernen die Grundschule nicht nur als Bildungsinstanz, sondern als Lern- und Lebensort kennen. Dies wird insbesondere durch die Adaptionsfähigkeit der Grundschule an Gesellschaftsveränderungen deutlich, die sich in der Einführung von Ganztagsschulen zeigt. Lerngelegenheiten werden stetig erweitert und eine differenzierte Lernkultur rückt durch die zunehmende Heterogenität immer mehr in den Fokus. Die Grundschule, die als Basisinstanz für Erziehung und Bildung fungiert, begleitet die Kinder in ihrer Entwicklung von sozialer und individueller Identität (vgl. *Bönsch*, 2018, 5-7). Dabei trägt die Schule neben dem Elternhaus und anderen Instanzen die Verantwortung, auf die vielfältigen Herausforderungen des Lebens vorzubereiten, die an Erwachsene unserer Gesellschaft gestellt werden (vgl. *Stadler-Altmann*, 2013, 43). Vorausgehende Institutionen, wie beispielsweise Kindergärten, spielen bei den frühkindlichen Sozialisationsprozessen eine bedeutende Rolle. Die primären Bezugspersonen stellen hauptsächlich Frauen dar. Daraus ergibt sich, dass sich Mädchen mit diesem Rollenmodell identifizieren können, während Jungen keine direkte Identifikationsfigur erleben. Die Primärzuständigkeit der Frau zieht sich vom Familienhaus über den Kindergarten bis in die Grundschule (vgl. *Glaser*, 2004, 363ff.).

Deutlich mehr Frauen als Männer sind in der Grundschule tätig, was als „Feminisierung des Bildungsbereichs" beschrieben wird (vgl. *Stadler-Altmann*, 2013, 43). Das unausgewogene Geschlechterverhältnis der Lehrpersonen führt dazu, dass die Kinder in

Erziehungsverantwortlichen hauptsächlich Frauen sehen (vgl. *Treibel/Soff/Meding*, 2014, 252f.). Zudem verstärkt das enge Klassenlehrerprinzip, durch das Lernende zum Teil vier Jahre dieselbe Lehrperson als Hauptlehrkraft erleben, die Problematik (vgl. *Jantz/Brandes*, 2006, 71). Das weiblich geprägte Umfeld führt Kindern vor Augen, welche Rollen Frauen und Männer in unserer Gesellschaft übernehmen. Den Schulkindern wird eine bestimmte Geschlechterordnung vorgelebt, welche die Rollenzuweisungen negativ bestärkt. Dies geschieht beispielsweise, wenn die weibliche Lehrkraft bei technischen Problemen den Hausmeister oder männlichen Kollegen um Hilfe ersucht oder diese die weibliche Lehrperson um eine Weihnachtsdekoration in der Klasse bitten, weil sie sich nicht zuständig fühlen (vgl. *Häfele*, 2013, 36). Die Schule als Einrichtung der Gesellschaft spiegelt demzufolge gesellschaftliche Erwartungen an die Geschlechter wider und macht Schule und Unterricht zum Ort der Anpassung und Auseinandersetzung mit gesellschaftlichen Erwartungen (vgl. *Stadler-Altmann*, 2013, 45). Durch diese Reproduktion geschlechtstypisierender Zuweisungen, die durch curriculare Inhalte und Interaktionen entstehen, wird eine Chancengleichheit eher inhibiert als hergestellt (vgl. *Wedl/Bartsch*, 2015, 461).

Besonders vor dem Hintergrund, dass Grundschulen sich seit einiger Zeit durch ganztägige Bildungsformen mit steigender Tendenz immer deutlicher zu holistischen Lernräumen und wesentlichen Lebensorten von Kindern entwickeln, stellt sich die Frage, wie diese auch in Hinblick auf die Geschlechtergerechtigkeit gestaltet werden können (vgl. *Häfele*, 2013, 39f.).

3 Theoretische Einführung

Im Zuge der Geschlechterforschung und der Gender Studies entstanden Ende des 20. Jahrhunderts und Anfang des 21. Jahrhunderts verschiedene Begriffe, die in dieser Arbeit näher erläutert werden. Das Kapitel konzentriert sich auf die Begriffsdefinitionen, gibt Auskunft über den Status quo der Geschlechterforschung und legt die Bedeutung eines gendersensiblen Unterrichts dar. Hierdurch soll ein einheitliches Grundverständnis für den Sachverhalt der Arbeit ermöglicht werden, welches in den anknüpfenden Kapiteln erweitert wird.

3.1 Begriffsdefinition von Gender

Gender kann als das kulturelle oder soziale Geschlecht definiert werden, das sich in seiner Bedeutung deutlich vom biologischen Geschlecht abgrenzt (vgl. *Funk*, 2018, 18).

> Gender [...] umfasst die Gesamtheit aller Vorstellungen, Erwartungen und Zuschreibungen, die in einer Kultur in Bezug auf Frauen und Männer existieren. Gender ist [...] ein Produkt kontinuierlich bewusster wie unbewusster Interaktionsarbeit, es ist sozial erlernt und kulturell konstruiert, historisch und kulturell wandelbar und somit aktiv gestalt- und veränderbar (*Glagow-Schicha*, 2005, 56).

In der Summe lässt sich festhalten, dass Gender als variabler Begriff zu verstehen ist, der mehrdimensional erscheint und viele Formen der Identitätszuschreibung und -bildung zulässt.

3.2 Status quo der Geschlechterforschung

Seit den 1970er-Jahren existiert die institutionalisierte Geschlechterforschung in Deutschland, die sich seither zu einem weitläufigen Wissensgebiet entwickelt hat (vgl. *Kortendiek/Riegraf/Sabisch*, 2019, 5). Mann und Frau bilden das Fundament der Geschlechterordnung. Die Selbstverständlichkeit einer Zweigeschlechtlichkeit hat sich heute weitestgehend aufgelöst und wurde durch das Kontinuitätsmodell abgelöst, das intergeschlechtliche Menschen sowie ‚queere' Identitäten miteinbezieht (vgl. *ebd.*, 10).

Der Duden definiert ‚queer' als „in der Geschlechtsidentität von einer gesellschaftlich verbreiteten heterosexuellen Norm abweichend" (*Funk*, 2018, 94). Der Begriff kann auch als „postmoderne und performativ hervorgebrachte Geschlechtsidentität" (*ebd*, 95) verstanden werden. Queere Identitäten erweitern demnach das Geschlechterspektrum und schließen Identitätsformen wie Transgender, Transsexuelle, Homosexuelle, Bisexuelle und Intersexuelle mit ein (vgl. *Rendtorff*, 2016, 23). Intersexuelle Menschen lassen sich nicht eindeutig weiblichen oder männlichen körperlichen Geschlechtsmerkmalen zuordnen (vgl. *Kortendiek/Riegraf/Sabisch*, 2019, 51). Sie werden seit Ende 2018 als das dritte Geschlecht im deutschen Personalausweis durch die Kategorie „divers" berücksichtigt (vgl. *Bundesministerium des Innern, für Bau und Heimat*, 2018).

Es lässt sich zudem festhalten, dass durch die Pluralisierung der Lebensformen neuartige Familienmodelle auftauchen. Mit der Entstehung von sogenannten Regenbogenfamilien, die aus homosexuellen Paaren mit Adoptiv- oder Pflegekindern zusammengesetzt sind, kann von einer Auflösung des traditionellen Familienverbandes gesprochen werden (vgl. *Bergold u. a.*, 2017, 7-9).

3.3 Gender-Stereotypisierung

Gender- oder Geschlechterstereotype beruhen auf Vorstellungen von Geschlechterrollen und geschlechtsspezifischen Erwartungen (vgl. *Treibel/Soff/Meding*, 2014, 228). Nach Rendtorff entsprießen Stereotype aus der „Bereitschaft zu vereinfachen und zu vereindeutigen" (*Rendtorff*, 2016, 110) und beschreiben einen „aktiven Prozess der Kategorisierung von Gruppen und der Zuschreibung von Eigenschaften" (*ebd.*, 111). Diese geschlechterbezogenen Zuschreibungen und Erwartungen äußern sich beispielsweise im Spielzeug für Kinder, das bei Jungen oftmals baulich-konstruierende Elemente und bei Mädchen hingegen eher alltagsbezogene und märchenhafte Themen aufgreift (vgl. *ebd.*, 30).

Die Gender-Stereotypisierungen wirken von Geburt an auf die Individuen ein und werden meist durch das gesamte soziale Umfeld herbeigeführt. Die daraus resultierenden Folgen beeinflussen die gesamte schulische und berufliche Laufbahn und das Selbstkonzept der Individuen (vgl. *Rendtorff*, 2016, 7). Aufgrund der Vorstellung vieler Menschen, dass bestimmte Neigungen und Verhaltensweisen naturgegeben statt „gemacht" sind, werden stereotypische Rollenbilder weiter verstärkt und über Generationen aufrechterhalten (vgl. *Rendtorff*, 2011, 40).

3.4 Doing Gender

Rendtorff zufolge bezeichnet „Doing Gender" einen „Terminus, der aus Überlegungen der ethnomethodologischen und der Interaktionsforschung stammt" (*Rendtorff*, 2011, 114). Die Grundannahme dieses Terminus' besagt, dass Menschen ihre Umwelt aktiv mitgestalten und „nicht passiv formbare und durch äußere Einflüsse geformte

Wesen" (*ebd.*) darstellen. Daher wird geschlechtstypisches Verhalten nicht durch naturgegebene Faktoren begründet, sondern durch das performative Verhalten der Umwelt. In unserer Umwelt gab es immer schon einen Code, der den Geschlechtern Vorgaben über Kleidung, Verhalten u.v.m. verordnete. Die Individuen suchen sich dementsprechend Verhaltensweisen und äußere Ausdrucksmöglichkeiten aus, die zum eigenen Geschlecht „passen" und den an sie gestellten Erwartungen als Vertreter eines Geschlechts gerecht werden. Folglich wählen Kinder Verhaltensweisen und Dinge aus, die sie als ‚richtig' für ihr Geschlecht interpretieren (vgl. *Rendtorff*, 2011, 114-117).

Hannelore Faulstich-Wieland, eine Erziehungswissenschaftlerin, die langjährige Forschung an den Themen Geschlecht und Koedukation betrieben hat, äußert sich im Kontext des „Doing Gender", indem sie das Geschlecht vom Individuum abkoppelt und durch kulturelle Objekte „hergestellt" beschreibt (vgl. *Faulstich-Wieland u. a.*, 2004, 23). Darauf ging sie in ihrem Vortrag mit dem Titel *Doing Gender im Schulalltag* im Januar 2019 erneut ein und machte ihre Aussage anhand des geschlechtergetrennten Vertriebs von Spielzeug deutlich. Das Spielzeug bietet den Kindern eine Orientierung für die Inszenierung eines angemessenen Verhaltens (vgl. *Faulstich-Wieland*, 15.01.19).

Doing Gender-Prozesse werden vor allem dann im Alltag ins Bewusstsein gerufen, wenn Irritationen aufkommen, weil sich Personen nicht normenkonform verhalten und spontan keinem Geschlecht zuzuordnen sind (vgl. *Wedl/Bartsch*, 2015, 14).

3.5 Gender Mainstreaming

Nach der Weltfrauenkonferenz 1995 in Peking verpflichtete sich die europäische Kommission dem Prinzip des Gender Mainstreamings. Das Bundesministerium für Familie, Senioren, Frauen und Jugend formulierte folgende Definition:

> Der internationale Begriff Gender Mainstreaming lässt sich am besten mit Leitbild der Geschlechtergerechtigkeit übersetzen. Das Leitbild der Geschlechtergerechtigkeit bedeutet, bei allen gesellschaftlichen und politischen Vorhaben die unterschiedlichen Auswirkungen auf die Lebenssituationen und Interessen von Frauen und Männern grundsätzlich und systematisch zu berücksichtigen (*Bundesministerium für Familie, Senioren, Frauen und Jugend*, 2016).

Gender Mainstreaming setzt in erster Linie an den Strukturen und nicht direkt an den Individuen an. Daher spricht man bei Gender Mainstreaming-Prozessen von Organisationsentwicklungsprozessen, die sich auf alle Ebenen auswirken (vgl. *Glagow-Schicha*, 2005, 57).

In Baden-Württemberg beziehen Hochschulen das Gender Mainstreaming bei der Planung des Studienangebots mit ein und untersuchen Studiengänge auf eine ansprechende Gestaltung für beide Geschlechter. Das Landesinstitut für Schulentwicklung verwendet das Gender Mainstreaming beispielsweise im Bereich der Gewaltprävention, um Mädchen und Jungen zu einem gewaltfreien Leben zu verhelfen (vgl. *Häfele*, 2013, 29f.).

Zusammenfassend erhält das Geschlecht durch diesen Ansatz eine wesentliche Bedeutung bei allen Entscheidungen in allen Lebensbereichen.

3.6 Gendersensibler Unterricht

Gendersensibel bedeutet im Rahmen dieser Arbeit weniger „sensibel für genderbezogene Bedürfnisse" (*Glockentöger/Adelt*, 2017, 18), sondern eher „sensibel gegen unnötig erzeugte genderbezogene Festlegungen" (*ebd.*). Demnach kann Gendersensibilität als „Beachtung stereotyper Rollenerwartungen zur Vermeidung von Benachteiligung" (*ebd.*, 113) beschrieben werden.

Leitziel des gendersensiblen Unterrichts stellt der Verzicht auf Gender als Konstrukt dar, damit den Individuen Entfaltungsmöglichkeiten ohne einschränkende und normierende Vorgaben eröffnet werden können. Im Fokus steht das Erreichen von Geschlechtergerechtigkeit verknüpft mit der Chance einer individuellen Entfaltung fernab von geschlechtsspezifischen Reduzierungen (vgl. *Glagow-Schicha*, 2005, 228). Eine gendersensible Didaktik „benötigt [...] eine Haltung, die tradierte patriarchale Wahrnehmungsmuster, Werthaltungen und Vorgehensweisen in Frage stellt und in Folge vorherrschende Geschlechterrollen verändern will" (*ebd.*, 230). Dies schließt folglich auch Gender-Stereotypisierungen mit ein, die abgebaut werden müssen, um den Weg zu einem geschlechtersensiblen Unterricht, der für Chancengleichheit steht, zu ebnen (vgl. *Stadler-Altmann*, 2013, 12).

4 Geschlechterunterschiede in der Grundschule

Anhand internationaler Studien zeigt sich stets, dass Bildung und Geschlecht eng miteinander verknüpft sind (vgl. *Häfele*, 2013, 11).

Das folgende Kapitel durchleuchtet die Geschlechterunterschiede in der Grundschule unter historischen Aspekten und präsentiert eine Zusammenfassung von ausgewählten aktuellen Studienergebnissen. Daraufhin werden Erklärungsansätze für die Ergebnisse vorgestellt und die Relevanz einer gendersensiblen Pädagogik in der Primarstufe erläutert.

4.1 Historische Perspektive

Die Geschlechterrollen und geschlechtsbezogenen Erwartungen und deren gesellschaftliche Hintergründe haben sich im Laufe der letzten hundert Jahre besonders im Hinblick auf die rechtliche Stellung von Mann und Frau, die Bildungsbeteiligung, das Erwerbsleben und das Privatleben, stark gewandelt. An dieser Stelle eignet sich ein Blick in die Geschichte, um die heutigen Verhältnisse verstehen und einordnen zu können (vgl. *Wedl/Bartsch*, 2015, 36f.).

Durch die Entwicklung der bürgerlichen Gesellschaft, in der die Frau für die Familie und das Haus zuständig war, entstand und verfestigte sich die Auffassung, Frauen und Männer besäßen unterschiedliche Geschlechtscharaktere und somit geschlechtstypische Eignungen, Interessen und Begabungen. Interessenszuschreibungen gegenüber den Geschlechtern basieren demnach auf den Vorstellungen, die im 18./19. Jahrhundert unreflektiert populär wurden. Erst gegen Ende des 19. Jahrhunderts wurde Frauen bzw. Mädchen zugetraut bildungsfähig zu sein, wenn auch nur mit der Ansicht, dass ihre

Begabungen geschlechtsbedingt domänenspezifisch seien. Folglich wurde der Frage nachgegangen, welche Art von Bildung für Frauen „geschlechtsangemessen" sei (vgl. *ebd.*).

Bis Ende des 19. Jahrhunderts konnte sich die allgemeine Schulpflicht in den deutschen Ländern weitestgehend durchsetzen und der Kampf um die bürgerliche sowie politische Gleichstellung der Frau zeigte sich unter anderem in der Gründung des *Frauenvereins Reform*. Der Verein setzte sich aktiv für die Einrichtung von Mädchengymnasien und der Zulassung von Frauen zu allen Studiengängen ein. Das erste deutsche Mädchengymnasium wurde 1893 in Karlsruhe gegründet und 1908 erhielten Frauen erstmalig das Recht zu studieren. Auf die Forderung einer Öffnung der Knabenschulen für Mädchen wurde in der Erklärung des Kultusministers 1919 festgehalten,

> daß für die Mädchen in erster Linie die für das weibliche Geschlecht bestehenden Bildungsanstalten in Frage kommen, deren Lehrpläne und Einrichtungen auf den körperlichen und geistigen Entwicklungsstand der Mädchen besondere Rücksicht (*Rendtorff*, 2016, 70)

nähmen. Erst 1920 wurde der Grundschulbesuch für alle Kinder verpflichtend. Die Koedukation wurde allerdings erst nach dem zweiten Weltkrieg in der sowjetisch besetzten Zone eingeführt. Die Bundesrepublik hingegen hielt an der Monoedukation im höheren Schulwesen fest und erst im Rahmen der Bildungsreformen der 1960er-Jahre konnte sich die Koedukation, wenn auch nur aus pragmatischen Gründen, durchsetzen (vgl. *Rendtorff*, 2016, 67-75).

In den 1960er-Jahren, elf Jahre nachdem die Gleichberechtigung der Geschlechter im Grundgesetz verankert wurde, ermöglichte die Bildungsreform den Mädchen eine stärkere Teilhabe an Bildungsprozessen (vgl. *Kunert-Zier*, 2005, 11).

Seit den 1970er-Jahren wird das Bildungssystem für Geschlechterunterschiede mitverantwortlich gemacht (vgl. *Wedl/Bartsch*, 2015, 83). Die schulische Benachteiligung von Mädchen stand Anfang der 1970er-Jahre im Fokus, sodass diverse Entwürfe zur Mädchenförderung geschaffen wurden. Der Blick weitete sich in den 1990er-Jahren mit den geringeren Schulerfolgen von Jungen und die Jungenförderung rückte ins Interessenzentrum (vgl. *Treibel/Soff/Meding*, 2014, 231).

Diese Entwicklungen unterstreichen die Tatsache, dass die erwartete Gleichheit der Geschlechter durch die Koedukation nicht eingetreten ist (vgl. *Glaser*, 2004, 378). Daraus lässt sich schlussfolgern, dass wir, trotz einiger Bemühungen Geschlechterdifferenzen aufzulösen und Chancengleichheit herzustellen, heute weiterhin vor der Entwicklungsaufgabe stehen, diese nachhaltig zu verbessern.

4.2 Studienergebnisse

In der Primarstufe werden in regelmäßigen Abständen diverse Studien durchgeführt, welche die Leistungen und das Sozialverhalten der Lernenden erfassen und für die Forschung genutzt werden. Im folgenden Kapitel werden Geschlechterunterschiede in der Grundschule in Bezug auf die Leistungen und das Sozialverhalten der Kinder zusammengefasst vorgestellt.

Seit 1995 wird alle vier Jahre die *Trends in International Mathematics and Science Study (TIMSS)* mit circa 300.000 Viertklässlern aus 48 teilnehmenden Staaten und Regionen durchgeführt. Die Ergebnisse der letzten Durchführung von 2015 in Deutschland zeigen Leistungsunterschiede innerhalb einzelner Anforderungs- und Inhaltsbereiche in Mathematik und den Naturwissenschaften. Jungen schneiden geringfügig besser ab als Mädchen (vgl. *Wendt u. a.*, 2016, 24f.).

Die *Internationale Grundschul-Lese-Untersuchung/Progress in International Reading Literacy Study (IGLU/PIRLS 2016)* untersucht seit 2001 in 47 Staaten und Regionen im 5-Jahres-Rhythmus das Leseverständnis von mehr als 300.000 Viertklässlern am Ende der Jahrgangsstufe. Die letzte Erfassung fand 2016 statt und zeigte, dass Mädchen gegenüber Jungen in Deutschland einen leichten Leistungsvorsprung aufweisen. Die geschlechtsspezifischen Differenzen haben sich seit 2001 nicht verändert (vgl. *Hußmann u. a.*, 2017, 18).

Weitere Studien wie *VERA 3* und die *IQB-Bildungstrends*, die ebenfalls die Leistungen von Grundschülern regelmäßig erfassen, unterstreichen die Ergebnisse der bisher vorgestellten Studien (vgl. *Landesinstitut für Schulentwicklung Baden-Württemberg*, 2018). Anhand der PISA-Studie von 2015, die die Leistungen von Lernenden im Alter von 15 Jahren erfasst, lässt sich erkennen, dass sich Geschlechterunterschiede in den weiterführenden Schulen verstärken (vgl. *Borgonovi*, 2015, 1-4).

Des Weiteren lassen sich Unterschiede zwischen Jungen und Mädchen im Bereich des Sozialverhaltens aufweisen. In einer Studie von 2013 wurde belegt, dass sich Mädchen oftmals trotz identischer Leistungen weniger zutrauen als Jungen (vgl. *Wedl/Bartsch*, 2015, 193). In weiteren aktuellen Studien wird diese Tatsache unterstrichen und bewiesen, dass Mädchen ihr intellektuelles Potential unterschätzen (vgl. *Glockentöger/Adelt*, 2017, 22). Hinzukommend weisen Mädchen häufig Ängstlichkeit und ein geringes Selbstwertgefühl auf (vgl. *Rendtorff*, 2011, 52). Außerdem sind sich viele erziehungswissenschaftliche Studien einig darüber, dass Jungen im Vergleich zu Mädchen den Unterricht häufiger stören und von Lehrpersonen als frech und faul beschrieben werden (vgl. *Stadler-Altmann*, 2013, 149). Zudem konnten in vielen Studien stereotyp erscheinende Phänomene aufgedeckt werden, die sich im Berufserfolg und der Berufswahl von Frauen und Männern abbilden. Besonders die Berufswahl bleibt auf geschlechtstypische Domänen beschränkt, wie es das Statistische Bundesamt 2014 mitteilte (vgl. *Glockentöger/Adelt*, 2017, 102). Das Bundesministerium berichtet, dass Mädchen heutzutage genauso häufig ein Studium beschreiten wie Jungen, sich jedoch spätestens mit ihrer Familiengründung in traditionellen Geschlechterrollen wiederfinden (vgl. *ebd.*, 156).

Zusammenfassend lässt sich festhalten, dass die ausgewählten leistungsbezogenen Studien keine signifikanten Unterschiede in der Primarstufe identifizieren konnten. In der Sekundarstufe sind diese Unterschiede jedoch größer und spiegeln sich in domänenspezifischen Leistungsprofilen passend zu geschlechterstereotypen Rollenbildern wider. Besonders im Berufs- und Familienalltag werden traditionelle Entwicklungen sichtbar. Es handelt sich folglich bei den Studienergebnissen nicht um drastische Leistungsdisparitäten, sondern in erster Linie um Verhaltensweisen und Entwicklungen, die von Geschlechterstereotypen geprägt sind.

4.3 Erklärungsansätze der Befunde

Das folgende Kapitel befasst sich mit der Frage, auf welche Ursachen die Ergebnisse aus den ausgewählten Studien zurückzuführen sind und stellt unterschiedliche Erklärungsansätze vor.

Vorab sollte deutlich gemacht werden, dass Schulleistungen ein Ergebnis komplexen Zusammenwirkens darstellen, welches von vielen Faktoren, wie beispielsweise den Erwartungen im Elternhaus und seitens der Lehrperson, der Anstrengungsbereitschaft, den Lern- und Arbeitsformen im Unterricht u.v.m., abhängig ist (vgl. *Rendtorff*, 2011, 84). Bestätigend zeigt an dieser Stelle „die psychologische Forschung [...], dass durch den Faktor Geschlecht nur [ein] Prozent der kleinen, oft nicht signifikanten Unterschiede in sprachlichen und mathematischen Leistungen von Jungen und Mädchen erklärt werden können" (*Glockentöger/Adelt*, 2017, 104).

In der deutschen Analyse der TIMSS-Studie von 2008 wurde belegt, dass das schlechtere Abschneiden von Mädchen im Vergleich zu Jungen auf eine niedrigere Selbsteinschätzung der eigenen Fähigkeiten im jeweiligen Fach zurückzuführen ist. Die niedrige Selbsteinschätzung wirkt sich auf die Motivation aus und führt dann zu einer Verstärkung der Unterschiede. Ursache dieses Selbstkonzeptes findet man vor allem in genderstereotypischen Verhaltensweisen des Umfeldes (vgl. *Wedl/Bartsch*, 2015, 345f.).

Außerdem tragen die Lehrkräfte eine Mitschuld an diesen Entwicklungen, da sie geschlechtsdifferenzierende Praktiken vornehmen, die institutionell gestützt werden und dazu beitragen, dass Kinder in geschlechtstypische Verhaltensweisen „hineinsozialisiert" werden. Des Weiteren beinhalten Lehr- und Lernmaterialien stereotype Erwartungen an die Geschlechter und bewirken so eine Beeinträchtigung in den Lerninteressen und der Lernbereitschaft aller Lernenden (vgl. *Häfele*, 2013, 37).

Zudem hat sich die Meinung, dass in bestimmten Fächern und Bereichen naturbedingt lediglich Mädchen oder Jungen Talente aufweisen, verfestigt und ist heute noch präsent. Das Lerninteresse wird nachhaltig beeinflusst, wenn die Lehrperson den Lernenden einer Geschlechtergruppe weniger Erwartungen entgegenbringt. Die daraus resultierenden selbsterfüllenden Prophezeiungen findet man im Unterricht oft vor. Das Umfeld hemmt die Selbstwirksamkeitserwartungen in diversen Fächern und dementsprechend sinkt das Selbstvertrauen der Lernenden (vgl. *Wedl/Bartsch*, 2015, 194f.).

Auch der Markt trägt zu der Annahme einer grundlegenden Differenz zwischen den Geschlechtern durch Spielsachen bei, die für Jungen und Mädchen in den 1970er-Jahren noch geschlechtsneutral produziert wurden und heute geschlechtergetrennt vertrieben werden (vgl. *Wedl/Bartsch*, 2015, 10).

Eine weitere These besagt, dass die sogenannte „Feminisierung des Lehrerberufs", womit der hohe Anteil weiblicher Lehrkräfte beschrieben wird, zu einer Benachteiligung von Jungen führt. Allerdings lässt sich der Zusammenhang zwischen dem Geschlecht der Lehrperson und den Schulleistungen nicht belegen, da Genderkompetenz nicht am Geschlecht des Lehrenden festgemacht werden kann (vgl. *Treibel/Soff/Meding*, 2014, 249).

Die Thematik erscheint angesichts vieler Widersprüche und dem Risiko, bei Interpretationen und zusammenfassenden Rezeptionen die Ergebnisse zu verfälschen, falsch auszulegen und zu dramatisieren, komplex (vgl. *Glockentöger/Adelt*, 2017, 45f.).

Die Nachforschungen zu Erklärungsansätzen für die Geschlechterdifferenzen in der Grundschule zeigen, dass die Ursachen vielfältig und teilweise paradox auftreten. Die Tatsache, dass Geschlechterunterschiede innerhalb Europas und Deutschlands stark variieren, unterstreicht, dass die „Effekte gesellschaftlicher Strukturen und deren Niederschlag im Handeln der Erwachsenen gegenüber Kindern" (*Rendtorff*, 2016, 80) für die Disparitäten verantwortlich sind.

Zusammenfassend lässt sich anhand der ausgewählten Quellen sagen, dass die festgestellten Unterschiede nicht auf angeborene kognitive Begabungen zurückzuführen sind, sondern auf Sozialisationsprozesse, die mit Erwartungen der Gesellschaft an das Verhalten und die Eigenschaften der Individuen einhergehen. Daraus ergibt sich, dass eine gendersensible Lehre, welche die beschriebenen Einflüsse mildert und Kinder zu differenzierten Interessen ermutigt, unabdingbar für alle schulischen Prozesse ist.

4.4 Relevanz der Thematik für die Grundschule

Im Hinblick auf die vorangegangenen Kapitel wird deutlich, dass eine Auseinandersetzung mit Gendersensibilität in Schulen bedeutsam erscheint, zumal diese eine bisher eher untergeordnete Rolle in der Schulentwicklung spielt (vgl. *Glockentöger/Adelt*, 2017, 139).

Die Geschlechterordnung wird im Unterricht alltäglich hergestellt und erlernt, wodurch Rollenbilder und Klischees früh zum Tragen kommen. Diese Tatsachen stellen die Schule vor die Herausforderung, diesem Prozess entgegenzuwirken (vgl. *Wedl/Bartsch*, 2015, 9).

Wissen über die Geschlechter entwickelt sich immer stärker zu Vorstellungen, wie Jungen bzw. Mädchen sind und sich verhalten, was zur Weitergabe tradierter Stereotype führt (vgl. *Glockentöger/Adelt*, 2017, 102). Außerdem gestaltet sich das Ansetzen gendersensibler Pädagogik in der Primarstufe als eine frühe Sozialisationsinstanz insofern essenziell, da in dieser Zeit ein besonderes Einflusspotential seitens der Lehrpersonen auf die Sozialisation der Lernenden einwirkt. In der Grundschulzeit findet sich das beträchtlichste Maß an Beeinflussung und Interaktion zwischen Lehrenden und Lernenden wieder, was die Bedeutung des Themas für die Grundschule unterstreicht (vgl. *Treibel/Soff/Meding*, 2014, 237).

Besonders vor dem Hintergrund, dass Kinder bereits sehr früh internalisieren, welche Erwartungen eine Gesellschaft an sie richtet, müssen Erziehungs- und Bildungsprozesse so ausgelegt sein, dass sie einen aktiven Part übernehmen, um Geschlechtervorstellungen bei den Heranwachsenden positiv zu beeinflussen (vgl. *Glockentöger/Adelt*, 2017, 103).

Eine verankerte bipolare Geschlechterstruktur, die davon ausgeht, dass nur Mann und Frau gesellschaftlich anerkannte Geschlechter sind, kann schon im Kindergartenalter im Verhalten von Kindern festgestellt werden. Diese Vorstellung verfestigt sich mit zunehmendem Alter und schränkt die individuelle Freiheit der Heranwachsenden bereits im Grundschulalter ein (vgl. *Treibel/Soff/Meding*, 2014, 282).

Vor allem in Anbetracht der aktuellen Geschlechterforschung (sh. Kap. 3.2) erweist es sich als unerlässlich, Gender-Stereotypisierungen abzubauen, denn „Menschen sind umso homophober, je stärker ihre Vorstellung davon ist, wie sich ‚richtige Männer' und ‚richtige Frauen' verhalten sollen" (vgl. *Glockentöger/Adelt*, 2017, 217).

Zudem lernen junge Kinder stark am Modell, indem sie sich mit den gleichgeschlechtlichen Erwachsenen ihres Umfelds identifizieren und diese imitieren (vgl. *Jantz/Brandes*, 2006, 68). Den Jungen fehlt oftmals der männliche Part in der Erziehung, da ihr Umfeld mit einer weiblichen Prägung durch größtenteils alleinerziehende Mütter, Erzieherinnen in den KiTas und Lehrerinnen in der Grundschule einhergeht (sh. Kapitel 2). Es ist demzufolge auch heute noch eine Aufgabe der Schule, zur Gleichberechtigung zwischen Mädchen und Jungen beizutragen, damit die Lebensbedingungen nach der Schulzeit weniger von hierarchischer und materieller Ungleichheit, die mit dem Geschlecht korrelieren, gekennzeichnet sind (vgl. *Glockentöger/Adelt*, 2017, 114). Diese Tatsache wird auch durch die noch heute bestehenden „kontinuierlichen Traditionalisierungen an entscheidenden Übergangsstellen wie Ausbildungs- und Studienwahl, Unterbrechungen der Berufstätigkeit bzw. Wechsel in Teilzeitbeschäftigungen" (*Ständige Konferenz der Kultusminister der Länder in der Bundesrepublik Deutschland*, 2016, 2) deutlich. Die skizzierten Gegebenheiten stellen für beide Geschlechter epochale Einschränkungen dar (vgl. *Glockentöger/Adelt*, 2017, 114).

Durch eine gendersensible Pädagogik erhalten Lernende ab Schuleintritt die Chance, ein Menschenbild zu entwickeln, das bunte Lebensentwürfe respektiert und individuellen Persönlichkeitspotentialen gerecht wird. Die Ansprüche an einen guten Unterricht, der Mädchen und Jungen gleichermaßen fördert, steigern sich zunehmend. Um diese zu erfüllen, sind Genderkompetenzen seitens der Lehrkräfte unentbehrlich, da sie zur Optimierung von Lehr- und

Lernprozessen beitragen. Der Frage, wie diese Prozesse strukturiert werden können, wurde bereits nachgegangen, da gendersensible Pädagogik schon länger untersucht wird. Durch das 20. Jahrhundert, das von vielen gesellschaftlichen Veränderungen in der Gender-Thematik geprägt ist, ändert sich auch das Verständnis von gendersensibler Lehre, das in den letzten 50 Jahren stets neu konzipiert wurde (vgl. *Eisenbraun/Uhl*, 2014, 13).

Nach wie vor steht fest, dass „gendersensibler Unterricht [...] die Basis einer geschlechtergerechten Gesellschaft" (*Wedl/Bartsch*, 2015, 132) bildet. Alle Erziehungs- und Bildungsprozesse sollten folglich so gestaltet sein, dass Kinder „ohne einengende und diskriminierende Geschlechterrollen und -stereotypen aufwachsen und sich gemäß ihrer Potenziale, Wünsche und Bedürfnisse entfalten können" (*Westphal/Schulze*, 2012, 11).

5 Umsetzung einer gendersensiblen Pädagogik im Unterricht der Grundschule – eine Übersicht über ausgewählte Handlungsfelder und Aspekte

Lehrkräfte, die das Geschlecht als pädagogisches Querschnittsthema in ihren Unterricht integrieren möchten, benötigen zur Bewältigung dieser Aufgaben Umsetzungshilfen sowie theoretische Grundlagen. In den KMK-Standards von 2004 und 2008 für die Lehrer- und Lehrerinnenbildung werden Heterogenität und Vielfalt als inhaltliche Schwerpunkte aufgezeigt (vgl. *Eisenbraun/Uhl*, 2014, 21). 2016 veröffentlichte die Kultusministerkonferenz (KMK) die *Leitlinien zur Sicherung der Chancengleichheit durch geschlechtersensible schulische Bildung und Erziehung*. Diese skizzieren den aktuellen Rahmen für Gendersensibilität in der Schule und geben Impulse und konkretisierende Zielrichtungen an. Zur Förderung der Gleichstellung der Geschlechter sollen wesentliche Kernelemente auf den gesamten Wirkungsebenen der Schule entwickelt und verankert werden. Die KMK präsentiert Ansatzpunkte und Maßnahmen, die sich auf Unterrichtsvorgaben, Prüfungsaufgaben, Lehr- und Lernmittel, die Lehramtsausbildung und -fortbildung u.v.m. beziehen (vgl. *Ständige Konferenz der Kultusminister der Länder in der Bundesrepublik Deutschland*, 2016, 1-8). Die breit gefächerten Vorschläge sind dahingehend erforderlich, da sich Genderkompetenz nur mehrdimensional begreifen lässt, zumal sie aus mehreren Teilkomponenten, wie personalen, pädagogisch-sozialen und methodisch-didaktischen, zusammengesetzt ist (vgl. *Eisenbraun/Uhl*, 2014, 193).

Um den Rahmen der vorliegenden Arbeit nicht zu überschreiten, muss eine Reduktion der Handlungsfelder und Konzepte stattfinden, die sich in Bezug auf ausgewählte Vorschläge der Leitlinien der KMK zeigt. Die von der KMK aufgeführten und in dieser Arbeit selektierten Ansatzpunkte werden in diesem Kapitel skizziert und diskutiert.

Die folgenden Teilkapitel beschäftigen sich mit diversen Realisierungsmethoden, die im Unterricht zur Gestaltung von Gendersensibilität beitragen können. Dabei wird zunächst auf die Toleranz von Vielfalt eingegangen, die sich in der Medienauswahl, Sprachsensibilität, didaktisch-methodischen Vielfalt und dem Lernsetting sowie der Lernumgebung zeigt. Anknüpfend wird die Professionalität der Lehrkräfte im Umgang mit der Gender-Problematik erläutert.

5.1 Toleranz der Vielfalt

Aufgrund der Tatsache, dass unsere Gesellschaft zunehmend von kultureller und ethnischer Heterogenität geprägt ist, erscheint eine intersektionale Perspektive sinnvoll, in der das Geschlecht als nur eine von vielen Differenzkategorien gesehen wird. Indem individuelle Vielfalt gefördert wird, können Kinder ihre „Persönlichkeiten, Ich-Konzepte, Interessen und Kompetenzen entwickeln [...], ohne dabei von Geschlechternormierungen, Normierungen sexueller Orientierung oder anderen Stereotypisierungen eingeschränkt zu werden" (*Glockentöger/Adelt*, 2017, 25).

Die KMK hält zusammenfassend fest, dass Lernsituationen ausgestaltet werden müssen, die in der Lage sind, „in Anerkennung der Gleichwertigkeit in der Verschiedenheit die bestehenden Rollenmuster aufzubrechen und zu erweitern" (*Ständige Konferenz der Kultusminister der Länder in der Bundesrepublik Deutschland*, 2016, 8).

5.1.1 Medienauswahl

Schulbücher und Unterrichtsmedien spielen in zweifacher Weise eine zentrale Rolle für den gendersensiblen Unterricht. Zum einen transportieren sie geschlechtsstereotype Rollenbilder, die vor allem in Lesebüchern und Fibeln sichtbar werden (vgl. *Wedl/Bartsch*, 2015, 89). Geschlecht sowie Sexualität werden fächerunabhängig abgebildet und konstruieren so die Realität und vermitteln bestimmte Normen (vgl. *Eisenbraun/Uhl*, 2014, 99).

Zum anderen lässt sich in den letzten Jahren eine „Tendenz zu Geschlechterbetonungen nicht nur in der Pädagogik, sondern auch auf dem Markt" (vgl. *Glockentöger/Adelt*, 2017, 23) beobachten. Dies spiegelt sich unter anderem in Lehrmaterialien wider, in denen geschlechterunterscheidende Inhalte verwendet werden. Die Zahl solcher Materialien ist in den letzten Jahren angestiegen und zeigt sich beispielsweise in den *PONS Textaufgaben für Mädchen* und *PONS Diktate für Jungs* (vgl. *Wedl/Bartsch*, 2015, 55).

Viele Lehrkräfte wählen ihre Arbeitsblätter nach den von ihnen unterstellten kollektiven geschlechtsbedingten Interessen der Lernenden aus. Das zeigt sich z.B. darin, dass Mädchen Arbeitsblätter mit Pferden erhalten, während Jungen Materialien mit Fußbällen ausgeteilt bekommen (vgl. *Wedl/Bartsch*, 2015, 43). Dieser Einsatz erfolgt allerdings oft unbewusst ohne Überprüfung und kritischen Umgang mit den Materialien, was sich jedoch als elementar für einen gendersensiblen Unterricht erweisen würde (vgl. *ebd.*, 58). Im Grunde wollen die Lehrkräfte den Interessen der Lerngruppe gerecht werden und allen Kindern den bestmöglichen Zugang zu den Inhalten bieten. Dies kann im Auswählen der Unterrichtslektüre durch ein Werk erreicht werden, das Protagonisten beider Geschlechter oder mit einem nicht zuordenbaren Geschlecht, wie beispielsweise *Das Sams*, einbezieht und so für alle Kinder gleichermaßen ansprechend ist (vgl. *Glagow-Schicha*, 2005, 140).

Die Auswahl der Unterrichtsmedien kann auch zur Medienerziehung beitragen, indem sich die Lerngruppe mit Medien, die geschlechtsstereotype Rollenbilder enthalten, kritisch auseinandersetzt und zur Reflexion über Rollenklischees angeregt wird (vgl. *Ständige Konferenz der Kultusminister der Länder in der Bundesrepublik Deutschland*, 2016, 8). Übungen zur Thematisierung von geschlechtlicher Vielfalt und Sexualität im Unterricht, welche die Lernenden für das Thema sensibilisieren und zur Auflösung der Zweigeschlechterordnung in den Köpfen anregen, gelten als besonders hilfreich. Im Rahmen einer Kindertheaterproduktion entstand das Spiel *Nins Archiv*, bei dem die Lernenden – virtuell oder durch Materialien in der Klasse – an Kleidungsstücken herumprobieren und konventionelle Kombinationen, Verbote und Rollenzuteilungen aufbrechen können. Eine weitere Übung beschäftigt sich mit Intersexualität, vermittelt über eine Hörgeschichte grundlegendes Wissen über die Geschlechtervielfalt und dient so als Gesprächsanlass zum Themengebiet Gender. Solche Formate tragen zum Aufbau antidiskriminierender Haltungen und individueller Entwicklungen bei den Heranwachsenden bei (vgl. *Wedl/Bartsch*, 2015, 382-391).

Einen praktischen Zugang zum Thema Gender und Sexualität stellt das Bilderbuch *DAS machen?* dar. Es eignet sich für Kinder ab acht Jahren und ist das einzige Buch im Bereich der Aufklärungsliteratur im deutschsprachigen Raum, das Queerness aufgreift. Das Buch lädt zum Nachdenken und zur Reflexion über den Themenkomplex ein und hilft dabei, Gender-Normen auszuhebeln (vgl. *ebd.*, 377f.).

Der Auftrag der Lehrenden bezüglich der Medienauswahl besteht darin, „eine kritische Haltung gegenüber den Inhalten von Schulbüchern und Unterrichtsmaterialien zu üben" (*Treibel/Soff/Meding*, 2014, 279) und dementsprechend alle Materialien, einschließlich der Aufgabenstellungen in Unterrichts- und Prüfungsmaterialien, auf Geschlechterstereotypisierungen zu überprüfen (vgl. *Ständige Konferenz der Kultusminister der Länder in der Bundesrepublik Deutschland*, 2016, 5). In der Praxis lässt sich eine solche Überprüfung mithilfe einer Checkliste umsetzen, die Lehrende dabei unterstützt, die Lehrmaterialien vor dem Unterricht zu prüfen und weiterzuentwickeln (vgl. Treibel/Soff, 279). Dabei sollte unter anderem darauf geachtet werden, dass Jungen und Mädchen gleichwertig dargestellt werden und Vielfalt in Form von Lebenswelten, Schichtzugehörigkeiten, Kulturen und Sexualitäten einbezogen wird (vgl. *Häfele*, 2013, 65). Außerdem lassen sich, insbesondere bei Aufgabenstellungen, oft Geschlechterunterscheidungen auffinden, die Mädchen und Jungen unterschiedliche Interessen zuweisen (vgl. *Wedl/Bartsch*, 2015, 55).

In der Summe heißt dies, dass Lehrpersonen ihre Medien auf verschiedenen Ebenen prüfen müssen. Dazu gehört ein vielfältiges Angebot an nicht-geschlechterunterscheidenden Materialien, das allen Kindern unabhängig ihres Geschlechts Lernen ermöglicht. Außerdem sollten sich Lehrkräfte der normativen Wirkung von Lehrmaterialien bewusst werden und diese auf die Darstellung von Frauen und Männern überprüfen, damit Rollenklischees nicht tradiert werden.

5.1.2 Sprachsensibilität

Bei mündlicher und schriftlicher Kommunikation im Unterricht müssen der KMK zufolge geschlechtersensible Formulierungen angewandt werden (vgl. *Ständige Konferenz der Kultusminister der Länder in der Bundesrepublik Deutschland*, 2016, 8). Seit 1993 gibt es Grundsätze für die Gleichstellung der Geschlechter in der Rechts- und Amtssprache durch die Landesregierung (vgl. *Glagow-Schicha*, 2005, 117). Das Fundament einer genderbewussten Haltung bildet demnach die gendersensible Sprache, welche die Voraussetzung für das Bewusstsein von Gleichwertigkeit der Geschlechter zum Ausdruck bringt (vgl. *Häfele*, 2013, 43). Sprache erscheint demzufolge realitätskonstituierend (vgl. *Glockentöger/Adelt*, 2017, 107) und fungiert als gendersensibles Analysekriterium, dem Macht über Geschlechternormen zukommt (vgl. *Wedl/Bartsch*, 2015, 347).

Zu einer geschlechtersensiblen Sprache gehören nach Häfele unter anderem:

- das Nennen von weiblichen und männlichen Formen (z.B. Schülerinnen und Schüler)
- der Ersatz von Fügungen wie „jeder, der" durch „alle, die" oder „jeder und jede"
- die Wahl geschlechtsneutraler Formulierungen (Teilnehmende, Lernende)
- das gegenseitige Verbessern zum gemeinsamen Erlernen
- die Verbesserung nicht-gendersensibler Materialien durch Lehrpersonen

Lehrkräfte erhalten demnach den Auftrag, sich über geschlechtergerechte Sprache zu informieren und Unterstützungsangebote wahrzunehmen (vgl. *Häfele*, 2013, 80). Außerdem sollten es Lehrende vermeiden, Individuen sprachlich in Gruppen nach Geschlecht aufzuteilen. Dies geschieht beispielsweise bei Aussagen wie „die Mädchen, die gerne mit Puppen spielen" und kann sich limitierend auf die Interessen der Individuen auswirken (vgl. *Glockentöger/Adelt*, 2017, 107).

5.1.3 Didaktisch-methodische Vielfalt

Neben der Sprachsensibilität und der Auswahl gendersensibler Materialien kommt auch der Unterrichtsmethodik eine zentrale Rolle zu. Nach Horstkemper, einer Erziehungswissenschaftlerin, die sich mit Geschlechter- und Schulforschung auseinandersetzt, muss Genderkompetenz mit didaktisch-methodischer Vielfalt zwangsläufig einhergehen (vgl. *Stadler-Altmann*, 2013, 33).

Genderbewusste Methodenauswahl bedeutet in erster Linie unterschiedliche Motivationen und Voraussetzungen zu berücksichtigen sowie „die Möglichkeiten des jeweiligen Faches, allen Kindern unabhängig von ihrem Geschlecht ein möglichst breites Spektrum an Lernmöglichkeiten und Erfahrungen zu ermöglichen" (*Glockentöger/Adelt*, 2017, 135). An dieser Stelle spielt auch das sogenannte „Ent-gendern" verschiedener Fächer eine Rolle. Hierbei geht es darum, „weibliche" oder „männliche" Fächer für alle gleichermaßen attraktiv zu gestalten (vgl. *Eisenbraun/Uhl*, 2014, 194). Dies könnte zum Beispiel durch eine große Auswahl an Materialien ermöglicht werden, die verschiedene Zugänge und Lösungswege zulassen. Zudem gilt es auch, die Partizipationsmöglichkeiten der Kinder bei der

Gestaltung von Unterrichtsmethoden und -inhalten zu erweitern, sodass selbstständiges Lernen gefördert wird (vgl. *Glockentöger/Adelt*, 2017, 204). Didaktische Instrumente und Lernangebote müssen so gestaltet sein, dass Lernziele geschlechtergerecht, also von allen Kindern, erreicht werden können. Eine Verknüpfung verschiedener Lehr- und Lernformen bietet die beste Grundlage, um Gender-Kompetenz zu fördern. Besonders Projektunterricht und kooperativer Unterricht unterstützen kommunikative Fähigkeiten, Reflexionsprozesse und die mehrdimensionale Beleuchtung von Themen. Biographisches Lernen eröffnet zudem Gelegenheiten zur Thematisierung von Gender im Unterricht (vgl. *Wedl/Bartsch*, 2015, 94-96). Bei Methodenvielfalt handelt es sich demnach um eine „Ausbalancierung der methodischen Großformen" (*Bönsch*, 2018, 23) hin zu einer Varietät im Unterricht.

Horstkemper plädiert für eine „Individualisierung von Unterricht durch binnendifferenzierende Maßnahmen" (*Stadler-Altmann*, 2013, 33), bei der verschiedene Lernwege und Lernstile Berücksichtigung finden. Die differenzierte Lernkultur zeigt sich insbesondere im offenen Unterricht durch Konzepte wie Wochenplanarbeit, wahldifferenzierten Unterricht, freie Arbeit, Stationenlernen u.v.m., die zum festen Unterrichtsbestandteil werden können (vgl. *Bönsch*, 2018, 5).

Zur Didaktik und Methodik zählt auch die Wahrnehmung und Gestaltung von Interaktionen im Unterricht. Für die Lerngruppe erweist es sich als wertvoll, wenn die Lehrkraft allen Lernenden gleichermaßen positiv begegnet (vgl. *Wedl/Bartsch*, 2015, 196). Dabei müssen Lehrkräfte auch den Blick auf ihre Rückmeldungen im Unterricht schärfen, in denen es häufig zu Generalisierungen und Pauschalisierungen kommen kann (vgl. *Glockentöger/Adelt*, 2017, 107).

Außerdem erweist sich beziehungsorientierte Lernarbeit als genauso gewichtig wie die Arbeit an Inhalten. Sie stärkt nicht nur die Beziehung zwischen Lehrperson und Lernenden, sondern auch unter den Lernenden durch kooperative Arbeitsformen wie der Partner- und Gruppenarbeit (vgl. *Bönsch*, 2018, 42f.).

Die Lehrperson muss sich zudem mit den Individuen ihrer Lerngruppe intensiv auseinandersetzen, um die Lernaufgaben deren Bedürfnissen anzupassen und so möglichst hohe Erfolgsmöglichkeiten zu bieten (vgl. *Stadler-Altmann*, 2013, 35).

Es besteht allgemeiner Konsens darüber, dass „einfallsreiche und vielfältige Lehr- und Lernstrukturen das Angebot der Grundschule bestimmen sollten" (*Bönsch*, 2018, 10). Lehrkräfte sollten in ihrer Lerngruppe herausfinden, welche Unterrichtsformen sich als adäquat herausstellen, damit handlungsorientiertes, kooperatives, sinnbestimmtes und selbstverantwortliches Lernen ermöglicht werden kann (vgl. *ebd.*).

5.1.4 Lernsetting und Lernumgebung

Vor dem Hintergrund, dass sich Grundschulen zu ganzheitlichen Lebensräumen und primären Lebensorten (sh. Kap. 2) entwickeln, erhalten Lernumgebung und Lernsetting eine zentrale Rolle (vgl. *Häfele*, 2013, 39). Räumliche Gegebenheiten in der Schule bergen ein hohes Einflusspotential auf die Lernprozesse der Kinder, weil unbewusste Geschlechternormen in Schulbauten, Sportstätten und Schulhöfen sichtbar werden. Nach den Leitlinien der KMK sollten „Arbeits-, Aufenthalts- und Bewegungsflächen vielfältigen Bedürfnissen Rechnung tragen" (*Ständige Konferenz der Kultusminister der Länder in der Bundesrepublik Deutschland*, 2016, 7), damit ein gutes Lernklima ermöglicht werden kann. Dabei sollten Wünsche, Vorschläge und Ideen der Lernenden in Veränderungs- und Umbauprozesse miteinbezogen werden (vgl. *Häfele*, 2013, 39f.). Beispielsweise könnten bei einer Erneuerung des Pausenhofs nach Absprache mit den Lernenden in Abstimmungsprozessen gemeinschaftliche Entscheidungen getroffen und so die Bedürfnisse der Kinder berücksichtigt werden.

Für die Gestaltung der Sitzordnung, die ein zentraler Faktor des Lernsettings ist, wird viel Zeit aufgewandt (vgl. *Faulstich-Wieland u. a.*, 2004, 225). Dabei werden Mädchen oft als Ruhepuffer zwischen verhaltensauffällige Jungen gesetzt, was oftmals als ungerecht gewertet wird. Dabei sollte eher das Zusammensetzen von arbeits- und kooperationsfähigen Teams im Fokus von Sitzordnungsplänen sein (vgl. *Glagow-Schicha*, 2005, 141).

In der Summe lässt sich festhalten, dass die Räume und Ressourcen, die einer Schule zur Verfügung stehen, innere und äußere Differenzierung unterstützen können (vgl. *Glockentöger/Adelt*, 2017, 135). Es geht dabei nicht primär um perfekte Lernumgebungen, sondern um Lebensorte, die sich als flexibel und wandlungsfähig erweisen und dabei die Interessen beider Geschlechter miteinbeziehen. Angenehmes Lernen in einem Lernsetting, welches das Wohlfühlen aller garantiert, selbstständiges Arbeiten und die Bildung heterogener Lerngruppen sollten dabei in erster Linie ermöglicht werden (vgl. *Häfele*, 2013, 39f.).

5.2 Professionalität der Lehrkräfte im Umgang mit der Gender-Problematik

Beim Handeln unter der Gender-Perspektive fungieren die Lehrkräfte als zentrale Akteure und Akteurinnen (vgl. *Paseka*, 2008, 243). Sie bedürfen eines Professionalitätsbewusstseins, das sich in einer offenen Haltung im Hinblick auf die Gender-Thematik zeigt. Des Weiteren sollten Lehrende das eigene Handeln immerzu reflektiv durchleuchten und hinterfragen. Außerdem geht es darum, den Blick in Bezug auf die Heterogenität der Lerngruppe zu weiten und die eigene Differenzfähigkeit auszubauen. Das folgende Unterkapitel beschäftigt sich mit den zuvor skizzierten Kompetenzen seitens der Lehrkräfte, die mit einer Professionalität einhergehen.

5.2.1 Offenheit

In diesem Kapitel lässt sich Offenheit in Bezug auf die Integration des Themenkomplexes Gender in den Unterricht und auch als Offenheit gegenüber Menschen und deren Vielfalt verstehen.

Als Voraussetzung für eine Aufgeschlossenheit der Lehrkräfte bezüglich der Auseinandersetzung mit gendersensiblem Unterricht gilt eine Öffnung gegenüber der Unterschiedlichkeit und Verschiedenartigkeit von Menschen. Dies zeigt sich in einer „Bejahung von Heterogenität" (*Bönsch*, 2018, 60) als grundlegende Haltung, die „Unterschiedlichkeit bei Gemeinsamkeit als Gewinn gemeinsamen Lehrens und Lernens" (*ebd.*, 61) betrachtet. Lehrpersonen sollten über „die Grenzen der Zweigeschlechtlichkeit und Heterosexualität hinausdenken" (*Wedl/Bartsch*, 2015, 18) und sich auch demensprechend offen positionieren.

In Bezug auf die Offenheit gegenüber Gendersensibilität im Unterricht erweist sich der Blick auf die Definition von Genderkompetenz von Klein-Uerlings, die Mitglied der Gender-Kommission des Landesinstituts für Schule in NRW ist, als aufschlussreich. Für sie ist Genderkompetenz aus den Dimensionen „Wollen, Wissen und Können" (*Glockentöger/Adelt*, 2017, 192) zusammengesetzt. Anknüpfend an den ersten Punkt, das *Wollen*, wird eine Bereitschaft zum genderorientierten Handeln verstanden, die sich nur dann bei Lehrenden feststellen lässt, wenn genügend Motivation und eine innere Haltung – demnach eine grundlegende Überzeugung – vorhanden sind (vgl. *ebd.*). Zudem zeigt sich pädagogische Professionalität auch in einer Haltung, die Lernen als einen lebenslangen Prozess betrachtet, was sich darin zeigt, „Praxissituationen immer wieder mit offenem, forschendem Blick zu begegnen" (*Glockentöger/Adelt*, 2017, 38). Dabei sollten Lehrkräfte regelmäßige Weiterbildungen als selbstverständlich ansehen (vgl. *ebd.*, 193).

Viele junge Lehrkräfte erfassen das Eingreifen unter der Genderperspektive als überflüssig, da sie Gender nicht als handlungs- und biografiebestimmenden Faktor ansehen. Ein weiterer Grund, warum sich Lehrpersonen vor der Gender-Thematik verschränken, liegt in der Angst vor Schuldzuweisungen und negativer Kritik (vgl. *Glagow-Schicha*, 2005, 223). Außerdem werden im Kollegium bei dem Begriff des gendersensiblen Unterrichts unterschiedliche Assoziationen geweckt, da er unterschiedlich aufgefasst werden kann und grundsätzlich unscharf ausfällt (vgl. *Glockentöger/Adelt*, 2017, 121).

Lehrkräfte dürfen sich aus der Verantwortung für gendersensiblen Unterricht nicht herausnehmen, was vor allem durch die Rechts- und Sachlage deutlich wird. Ausgehend von Artikel 4 Abs. 2 Satz 2 GG sind alle im Schulwesen beteiligten Akteure verpflichtet die Gleichberechtigung der Geschlechter zu fördern und aktiv Benachteiligungen zu beseitigen (vgl. Grundgesetz für die Bundesrepublik Deutschland Art. 3). Dennoch wurde in einer Interview-Studie von 2012 herausgefunden, dass Lehrpersonen die Verantwortung für geschlechtstypische Verhaltensweisen in der Klasse vorwiegend den Eltern und Heranwachsenden selbst zuschreiben (vgl. *Häfele*, 2013, 36). Die Offenheit bezüglich des Themas zeigt sich auch in der intensiven Auseinandersetzung mit fundierter, auf Fakten basierender Literatur, die ein Wissensfundament schafft (vgl. *Glockentöger/Adelt*, 2017, 104).

Hieraus ergibt sich zusammenfassend durch die Aussage von Faulstich-Wieland, dass „die Bedeutung der Einstellung der beteiligten Lehrkräfte [, also] ihre Sensibilität und ihr Wille, Geschlechterverhältnisse zu verändern [...] ausschlaggebend für die Akzeptanz von Maßnahmen wie für ihren Erfolg" (*Faulstich-Wieland/Krüger*, 2006, 136) erscheint.

5.2.2 Selbstreflexion

Der Begriff „Reflexionsfähigkeit" kann als Fähigkeit, sich selbst und die eigene berufliche Praxis zu hinterfragen, definiert werden (vgl. *Paseka*, 2008, 227). Die Diskrepanz zwischen der Wahrnehmung der Gleichbehandlung der Geschlechter und dem tatsächlichen Handeln im Unterricht ist bei Lehrkräften meist groß. Vor diesem Hintergrund erscheint es essenziell, dass die Reflexionsbereitschaft der Lehrenden aufgebaut wird (vgl. *ebd.*, 229).

Die Heranwachsenden setzen sich im Schulalltag täglich in Doing Gender-Prozessen mit Rollenbildern und dem eigenen Rollenbild, das sie entwerfen und dem sie entsprechen wollen oder sollen, auseinander. Dies kann einen enormen Druck auf sie aufbauen. Lehrpersonen fördern diese Prozesse jedoch oft durch Generalisierungen oder Äußerungen wie „du bist aber schon eine richtige Frau/ein richtiger Mann" (*Glockentöger/Adelt*, 2017, 76).

In einer Studie von Maccoby konnte nachgewiesen werden, dass erwachsene Bezugspersonen erwünschtes Geschlechterrollenverhalten bei Kindern verstärken. Dies lässt deutlich werden, dass die Verhaltensweisen der Heranwachsenden als Reaktion auf die Erwartungen der Lehrperson entstehen. Aufgrund der Tatsache, dass Lehrkräfte unbewusst Stereotype weitergeben, empfehlen sich kollegiale Hospitationen, um Problematiken zu identifizieren und eine Feedbackkultur zu etablieren. Durch gemeinsame Reflexionsprozesse können das „Schubladendenken" und Stereotypisierungen abgemildert werden (vgl. *Glockentöger/Adelt*, 2017, 105). Bei derartigen Reflexionsprozessen wird die eigene professionelle Praxis durchleuchtet und werden daraus resultierende Erkenntnisse zur Lösung der diagnostizierten Handlungsprobleme genutzt. Zur Umsetzung der Gender Mainstreaming-Strategie bedürfen Lehrpersonen auch einer Auseinandersetzung mit den eigenen subjektiven Erwartungen bezüglich der Geschlechter und müssen dazu auch die persönliche Geschlechtsidentität biografisch beleuchten. Ein wesentlicher Bestandteil der Selbstreflexion besteht auch darin, den eigenen Anteil an Doing Gender-Prozessen, die sich in Interaktionen, Rückmeldungen und der Ausgestaltung des Unterrichts mit Materialien zeigen, zu überprüfen (vgl. *Paseka*, 2008, 227-229).

Dabei ist es auch wegweisend vor der Reflexion der eigenen Unterrichtspraxis, die eigene Geschlechterrolle zu reflektieren und sich mit

Sozialisationsprozessen auseinanderzusetzen (vgl. *Häfele*, 2013, 33). Die Lehrenden sollten eindringlich an ihren meist unbewusst verinnerlichten Stereotypen arbeiten, um ihre Genderkompetenz zu erweitern (vgl. *Wedl/Bartsch*, 2015, 80). Dabei geht es unter anderem um das Hinterfragen eigener Glaubenssätze und Überzeugungen (vgl. *Glockentöger/Adelt*, 2017, 108). Denn stereotypes Denken ändert sich nur, indem „sich der Stereotype bewusst" (*Rendtorff*, 2011, 124) gemacht wird und diese mithilfe der „Fähigkeit zur Selbstreflexion über das eigene Handeln" (*ebd.*) entlarvt und bewusst verändert wird. Es geht demzufolge als Ausgangspunkt für gendersensiblen Unterricht darum, eigene Grundannahmen und Verhaltensmuster erkennen und optimieren zu können, um anschließend einen kritischen Blick auf die eigene Praxis zu werfen (vgl. *Häfele*, 2013, 34). Die KMK führt an dieser Stelle auch das Bewusstwerden über die Notwendigkeit eines Vorbildverhaltens der Lehrperson auf, da diese für die Lernenden ein Modell für „Weiblichkeit" oder „Männlichkeit" darstellt (vgl. *Ständige Konferenz der Kultusminister der Länder in der Bundesrepublik Deutschland*, 2016, 8).

Zur praktischen Umsetzung eignet sich die Werkmappe *Mach es gleich!*, die sich geschlechtergerechter Bildung widmet und konkrete Übungen für Lehrkräfte präsentiert, die in kollegialen Gruppen durchgeführt werden können. Die Übungen regen dazu an, Erfahrungen auszutauschen, unterschiedliche Blickwinkel einzunehmen und die persönliche Sozialisation durch eine Reflexion der Erfahrungen der eigenen Schulzeit sichtbar zu machen (vgl. *Häfele*, 2013, 55-61).

Resümierend lässt sich festhalten, dass die Lehrkräfte ihren Unterricht sowie ihr Verhalten reflektieren sollten, indem sie sich mit ihrer geschlechtsbezogenen Biografie befassen, Sozialisationsprozesse durchleuchten und die eigenen Erwartungen an die Lernenden hinterfragen. Dabei hilft es, die eigene unterrichtliche Praxis von anderen Lehrkräften untersuchen zu lassen, um die unwillkürliche Weitergabe von Stereotypen zu vermeiden.

5.2.3 Differenzfähigkeit

In den letzten Jahren rückte das Bild der Jungen als Bildungsverlierer immer mehr in den Fokus, während Mädchenförderung durch den Bildungserfolg von Mädchen und Frauen weitestgehend aus dem Interessenzentrum verschwand (vgl. *Wedl/Bartsch*, 2015, 40). Der scheinbare Bildungsmisserfolg seitens der Jungen wird in den populärwissenschaftlichen Medien überspitzt dargestellt und zugleich werden viele Studienergebnisse fehlinterpretiert (vgl. *Glockentöger/Adelt*, 2017, 45f.). Jungen haben sich einer Studie von Helbig zufolge nicht verschlechtert. Er beschreibt, dass „die Enttraditionalisierung von geschlechtsbezogenen Zuschreibungen und Erwartungen [...] positiv auf die Bildungsaspiration von Mädchen und ihren Eltern [wirkt,] so dass Mädchen nun weniger stark von höherer Bildung ferngehalten wurden" (*Rendtorff*, 2016, 79).

Indem Autoren wie Winter Ansatzpunkte zur Jungenförderung präsentieren (vgl. *Winter*, 2018, 9) und Kaiser unter anderem Mädchenförderprojekte vorstellt *(sh. Beispiele für die Arbeit an einer mädchen- und jungengerechten Grundschule Kaiser/Wigger, 2000)*, wird übersehen, dass diese defizitorientierten und dramatisierenden Maßnahmen, die sich auf die Unterschiede von Mädchen und Jungen fokussieren, eher eine Verstärkung dieser begünstigen (vgl. *Glockentöger/Adelt*, 2017, 135). Winter plädiert in seinen Jungenförderungsansätzen dafür, dass die Schule den Bedürfnissen von Jungen, wie zum Beispiel dem seiner Meinung nach stärkeren Bewegungsdrang, gerecht werden muss (vgl. *Winter*, 2018, 85). Dabei wird jedoch pauschalisiert und den Jungen unterstellt, welche Kompetenzen, Bedürfnisse und Wünsche sie haben, was zu einer Homogenisierung von Männlichkeit und damit einhergehend zu Stereotypisierungen führt. Begabungen, Interessen und Talente sind dabei unter den Heranwachsenden vielfältig vertreten und dürfen nicht verengend und generalisierend zu *den* Mädchen oder *den* Jungen zugeordnet werden, wie es bei einer expliziten Mädchen- oder Jungenförderung der Fall ist (vgl. *Glockentöger/Adelt*, 2017, 74-77). Dies unterstreicht auch eine Untersuchung von Jürgen Budde aus dem Jahr 2014, in der deutlich wurde, wie stark monoedukative Bildungsarrangements Verallgemeinerungen und Übergeneralisierungen fördern (vgl. *ebd.*, 145).

Lehrpersonen stehen täglich vor der Herausforderung, mit Verschiedenheit und Vielfalt umzugehen. Jedes Kind kommt mit unterschiedlichen Voraussetzungen in die Schule, was ein großes Konfliktpotential birgt. Lehrkräfte, die differenzfähig agieren, nehmen diese Heterogenität wahr und gehen professionell damit um, indem sie adäquate Unterrichtsmodelle auswählen, ihre methodisch-didaktischen Zugänge überprüfen und ein Klima „schaffen, in dem Vielfalt anerkannt und gelebt werden kann" (*Paseka*, 2008, 230). In diesem Sinne wird eine Jungen- und Mädchenförderung als eine Förderung, die sich nach den Individuen richtet, verstanden. Diese wirkt den geschlechtsspezifischen Unterschieden (Kapitel 4.2) im Rahmen der Koedukation durch gezielte Angebote entgegen, stellt Stärken ins Zentrum und obstruiert dabei eine Reproduktion von Geschlechtsstereotypen (vgl. *Ständige Konferenz der Kultusminister der Länder in der Bundesrepublik Deutschland*, 2016, 8).

Die Kategorie Geschlecht bildet nur einen Gesichtspunkt von Diversität, was Prengel in ihrer „Pädagogik der Vielfalt" klar zum Ausdruck bringt (vgl. *Paseka*, 2008, 230f.). Gender ist demnach „nur ein Aspekt[,] der mitgedacht und mitkonzeptioniert werden müsste – ohne allerdings vergessen oder besonders hervorgehoben zu werden" (*Glockentöger/Adelt*, 2017, 147). Dennoch wird das Geschlecht als eines der offensichtlichsten Merkmale gerne als Differenzkategorie genutzt. Eine intersektionale Perspektive erscheint sinnvoller, da auch andere Differenzmerkmale bei Unterschieden oder Benachteiligungen in den Blick genommen werden (vgl. *ebd.*, 76). Dies zeigt sich unter anderem im Hinblick auf die Tatsache, dass Jungen und Mädchen oft als zwei in sich homogene Gruppen aufgefasst werden, was Klein-Uerlings zufolge die Basis für Gender-Stereotypisierungen darstellt (vgl. *ebd.*, 194). Es geht folglich um eine „Differenzierung innerhalb der Geschlechtergruppen" (*ebd.*, 147), um „so die gesamte Bandbreite von Individuen" (*ebd.*) sichtbar zu machen. Es kann von einer „Entdramatisierung" von Geschlecht gesprochen werden, da „Geschlecht weder die einzige noch die wichtigste Kategorie individueller wie gesellschaftlicher Differenz ist" (*ebd.*, 81). Lehrkräfte stehen demnach vor der Aufgabe, eine differenzierte Sichtweise zu erlangen und geschlechtsbezogene Festschreibungen so weit wie möglich zu verhindern, da sie das Selbstbewusstsein und die Selbstimagination der Lernenden stark einschränken. Die Heranwachsenden sollen durch dieses offene Rollenverständnis entlastet werden und Unterstützung in ihrer Entwicklung erhalten (vgl. *Glockentöger/Adelt*, 2017, 81).

Eine Lehrkraft mit Differenzfähigkeit beschäftigt sich mit den Begabungen jedes einzelnen Kindes und dessen Fördermöglichkeiten. Es geht hierbei auch darum, das Interesse der Lernenden auf weitere, unentdeckte Themenbereiche zu lenken, was mit einer Prävention stereotypen Verhaltens einhergeht (vgl. *ebd.*, 106). Kindern sollte so die Gelegenheit eröffnet werden, sich in allen Bereichen zu erproben, neue Wege zu entdecken und die eigene Identität auszubauen (vgl. *ebd.*, 74).

Es lässt sich schlussfolgern, dass das Diversitätsbewusstsein der Lehrperson eine andere Sichtweise auf die heterogene Lerngruppe ermöglicht und entdramatisierend den Blick von „den Jungen" und „den Mädchen" auf Individuen einer Lerngruppe richtet. Die sogenannte Regenbogenkompetenz der Lehrkräfte zeigt sich dann in einem reflektierten, kompetenten und diskriminierungsfreien Umgang mit Vielfalt (vgl. *Glockentöger/Adelt*, 2017, 81f.).

6 Fazit

Gendersensible Pädagogik in der Grundschule stellt im 21. Jahrhundert eine Entwicklungsaufgabe dar, weil sich viele Kinder heute noch in einem fast identischen Maß an Rollenstereotypen orientieren, wie es im Jahr 1980 der Fall war (vgl. *Treibel/Soff/Meding*, 2014, 252).

Die Geschlechterunterschiede in der Primarstufe zeigen sich im Leistungsbereich in einem nicht signifikanten Maß. Allerdings lassen sich Unterschiede im Sozialverhalten, den Interessen, der Berufswahl u.v.m. aufweisen, die nachweislich „primär sozial determiniert" (*Rendtorff*, 2016, 79) sind. Lehrkräfte leisten dazu einen erheblichen Beitrag, indem sie Gender-Stereotype im Unterricht meist unwillkürlich weitergeben und diese dadurch verstärken (vgl. *Glockentöger/Adelt*, 2017, 105).

Es existieren viele Ansatzpunkte, um den Unterricht unter gendersensiblen Aspekten zu gestalten. Im Rahmen der vorliegenden Arbeit wurde reduziert vorgegangen und es konnten nur ausgewählte Konzepte eines gendersensiblen Unterrichts vorgestellt und erläutert werden, die sich an den Leitlinien der Kultusministerkonferenz orientieren. Ein Grundlagenwissen über die „geschlechtsspezifische Sozialisation und die Entstehung von Geschlechterverhältnissen" (*Glagow-Schicha*, 2005, 139) ist elementar als Ausgangspunkt der Thematik zu betrachten. Besonders Lehrkräfte sind durch entsprechendes Handeln und aktive Intervention in der Lage, Gender-Stereotypisierungen entgegenzuwirken, da sie diese im Unterricht unwillkürlich weitergeben und verfestigen (vgl. *Glockentöger/Adelt*, 2017, 105). Genderkompetenz stellt demnach ein Vehikel für eine gezieltere und umfassendere Förderung von Lernenden dar, indem geschlechtsstereotypen Sozialisationseinflüssen entgegengewirkt wird (vgl. *Eisenbraun/Uhl*, 2014, 191). Eine entscheidende Anforderung von Genderkompetenz, die einen Wissenspol, eine persönliche Haltung und entsprechendes Handeln umfasst, ist die Diversitätsorientierung zur Vorbeugung „möglicher Essentialisierungen und erneuter Gruppenbildungen auf Kosten der Individuen" (*Eisenbraun/Uhl*, 2014, 211). Nach Faulstich-Wieland ist es im 21. Jahrhundert bedeutsam, sich von defizitorientierten Festschreibungen zu lösen und sich mehr auf die Individualität der Lernenden zu fokussieren (vgl. *Faulstich-Wieland u. a.*, 2004, 224 f.). An dieser Stelle eignet sich insbesondere eine intersektionale Perspektive, die das Geschlecht als nur eine Dimension von vielen betrachtet (vgl. *Treibel/Soff/Meding*, 2014, 286).

Resümierend ist die Professionalität der Lehrkräfte, die sich in Fachkompetenz, Methodenkompetenz, Sozialkompetenz und einer selbstreflexiven Haltung zeigt, von essenzieller Bedeutung, um allen Kindern breite Entfaltungsmöglichkeiten und vielfältige Entwicklungen zu ermöglichen. Dabei spielt insbesondere die Selbstreflexion eine erhebliche Rolle, da Lehrkräfte ihre unbewusste Weitergabe stereotyper Vorstellungen hinterfragen müssen (vgl. *Häfele*, 2013, 33). An dieser Stelle erscheint es bedeutend, Gendersensibilität im Unterricht durch ein holistisches Gesamtkonzept anzustreben, indem alle Verantwortungsebenen zusammenspielen (vgl. *Ständige Konferenz der Kultusminister der Länder in der Bundesrepublik Deutschland*, 2016, 6). Gendersensibilität offenbart sich demnach in der „Akzeptanz des Individuums in seinen gewählten Liebens- und Lebensweisen" (*Glockentöger/Adelt*, 2017, 206) in einer Schule, die als Ort der Vielfältigkeit gesehen wird und die Heranwachsenden in ihrer Entwicklung stärkt.

7 Ausblick

Die damaligen zukunftsweisenden Gedanken, die mit der Gleichstellung von Frau und Mann und der Koedukation einhergingen, sollten „in unsere Handlungsgegenwart [...] transportier[t] und auf die aktuellen und zukünftigen Herausforderungen" (*Glockentöger/Adelt*, 2017, 120) angewendet werden.

Das Konzept des Gender Mainstreamings sollte dereinst nach dem Gleichstellungsbericht der Bundesregierung zusammen mit einer geschlechtsbewussten Pädagogik in den Bildungseinrichtungen sowie der Bildungspolitik systematisch gesichert werden, da so Gender-Kompetenz auch nachhaltig gelehrt würde. Gender Mainstreaming stellt als Organisationsentwicklungsstrategie einen zuverlässigen Rahmen für Gender-Kompetenzen dar (vgl. *Eisenbraun/Uhl*, 2014, 212).

Die KMK sieht die Effizienz und praktische Wirksamkeit der von ihr aufgeführten Maßnahmen als abhängig davon, „dass die Verantwortlichen auf den verschiedenen Ebenen des Systems [...] in ihrem Alltagshandeln Routinen für die Schul-, Unterrichts- und Personalentwicklung einführen, um horizontal wie vertikal durchgängig und nachhaltig Gender-Wissen und -Kompetenz wirksam einzusetzen" (*Ständige Konferenz der Kultusminister der Länder in der Bundesrepublik Deutschland*, 2016, 4).

In dieser ganzheitlichen Betrachtungsweise erweist es sich ebenso als sinnvoll, Genderaspekte in das Schulprogramm zu inkludieren. Das Schulleitbild und Schulprogramm repräsentieren die pädagogische Grundorientierung der Schule und machen eine langfristige Ausrichtung auf das Thema sichtbar. Eine Verankerung der Gender-

Thematik im Schulprogramm erscheint einerseits als inhaltliche Selbstvergewisserung und andererseits als „Revitalisierung pädagogischer Grundideen" (*Bönsch*, 2018, 13), da diese die gemeinsame Arbeit fördern. Des Weiteren ermöglicht ein Ausbau zu einer Ganztagsschule pädagogische und finanzielle Gestaltungsspielräume, da außerunterrichtliche Angebote, die Förderungsmaßnahmen für beide Geschlechter beinhalten, mit dem Unterricht verbunden werden können (vgl. *Gardlo/Rühmeier*, 2015, 12f.). Außerdem erweist sich ein Kollegium, das sich dem professionellen Auftrag geschlechterbewusster Pädagogik gemeinsam widmet und gegenseitig motiviert, „um in diesem dynamischen Prozess trotz aller Unsicherheiten und Widersprüchlichkeiten handlungsfähig zu bleiben" (*Glockentöger/Adelt*, 2017, 136), als zielführend. Zudem fordern einige Autoren und Autorinnen mehr männliche Lehrkräfte in der Grundschule, damit auch Jungen gleichgeschlechtliche Modelle zum Imitationslernen erfahren können. Banduras, der das Lernen am Modell entwickelte, plädiert für einen Unterricht, in dem Mädchen und Jungen Modelle beiderlei Geschlechts erleben, was durch die Einführung einer Männerquote, welche von diversen Kultusministern und -ministerinnen gefordert wird, ermöglicht werden kann. Dabei muss allerdings berücksichtigt werden, dass mehr Männer nicht gleich für jungengerechteren Unterricht stehen und die Genderkompetenz der Lehrkraft den entscheidenden Faktor darstellt (vgl. *Treibel/Soff/Meding*, 2014, 259 f.).

Den Leitlinien der KMK zufolge sollten „alle in der Lehramtsaus- und -fortbildung Tätigen [...] über Gender-Kompetenz als eine wesentliche Qualitätsanforderung verfügen" (*Ständige Konferenz der Kultusminister der Länder in der Bundesrepublik Deutschland*, 2016, 5), was unter anderem durch eine curriculare Verankerung im Studium und durch Fortbildungsmaßnahmen erreicht werden kann. Differenziertes Wissen über die Gender-Thematik muss demnach künftig stärker in die Lehramtsausbildung implementiert werden. Dabei sollte die Fähigkeit, „geschlechterbezogene Zuschreibungen situativ zu erkennen und zu beantworten sowie deren unnötige Verfestigung zu vermeiden" (*Rendtorff*, 2016, 128), erlangt werden.

Strebt man eine gendersensible Pädagogik an, sollten alle Erziehenden in den Prozessen involviert sein (vgl. *Kaiser*, 2003, 48). Dementsprechend erscheint der Einbezug der Eltern in die Gender-Thematik als unabdingbar, wenn man sich vor Augen führt, dass diese einen großen Einfluss auf die Selbstwirksamkeitserwartungen der Lernenden ausüben und so den schulischen Erfolg stark beeinflussen. Um zu vermeiden, dass bestimmte Theorien, wie beispielsweise, dass Mädchen in Mathematik weniger begabt seien, zu selbsterfüllenden Prophezeiungen werden, müssen Eltern aufgeklärt werden (vgl. *Wedl/Bartsch*, 2015, 199f.).

Empirische Studien zur Gender-Thematik sind selten in der Lage, die Komplexität des Zusammenwirkens mehrerer Einflussfaktoren zu erfassen und führen folglich zu Spekulationen und unerklärten Aspekten, die einen großen Interpretationsspielraum ermöglichen (vgl. *Glockentöger/Adelt*, 2017, 45f.).

Im Bereich des gendersensiblen Unterrichts in der Primarstufe eröffnen sich aus heutiger Sicht weiterhin diverse Forschungsdesiderate, denen im Rahmen einer Masterarbeit nachgegangen werden kann.

Literaturverzeichnis

Bergold, Pia u. a. (2017): Familien mit multipler Elternschaft: Entstehungszusammenhänge, Herausforderungen und Potentiale, Leverkusen-Opladen: Budrich Barbara, 2017

Bönsch, Manfred (2018): Heterogenität und Differenzierung: Gemeinsames und differenziertes Lernen in heterogenen Lerngruppen, 4. Aufl., Baltmannsweiler: Schneider Verlag Hohengehren GmbH, 2018

Borgonovi, Francesca (2015): PISA im Fokus, <https://www.oecd.org/pisa/pisaproducts/pisainfocus/PIF-49%20(ger).pdf> [Zugriff 2019-05-16]

Grundgesetz für die Bundesrepublik Deutschland Art 3 (https://www.gesetze-im-internet.de/gg/art_3.html), <https://www.gesetze-im-internet.de/gg/art_3.html> [Zugriff 2019-05-25]

Bundesministerium des Innern, für Bau und Heimat (2018): Zusätzliche Geschlechtsbezeichnung "divers" für Intersexuelle eingeführt, <https://www.bmi.bund.de/SharedDocs/pressemitteilungen/DE/2018/12/drittes-geschlecht.html> [Zugriff 2019-05-21]

Bundesministerium für Familie, Senioren, Frauen und Jugend (2016): Strategie "Gender Mainstreaming", <www.gender-mainstreaming.net> [Zugriff 2019-05-25]

Eisenbraun, Verona/Uhl, Siegfried (2014): Geschlecht und Vielfalt in Schule und Lehrerbildung, Münster: Waxmann, 2014

Faulstich-Wieland, Hannelore (15.01.19): Doing Gender im Schulalltag, Hamburg

Faulstich-Wieland, Hannelore/Krüger, Heinz-Hermann (2006): Einführung in Genderstudien, 2. Aufl., Opladen: Budrich, 2006

Faulstich-Wieland, Hannelore u. a. (2004): Doing Gender im heutigen Schulalltag: Empirische Studien zur sozialen Konstruktion von Geschlecht in schulischen Interaktionen, Weinheim: Juventa-Verl., 2004

Funk, Wolfgang (2018): Gender studies, Paderborn: Wilhelm Fink, 2018

Gardlo, Silke/Rühmeier, Elke (2015): Lernchancen für Mädchen und Jungen gestalten: Bausteine für eine geschlechtergerechte Schul- und Unterrichtsentwicklung, <http://www.genderundschule.de/doc/doc_download.cfm?uuid=5AFAD8F5BF43DD90EF5C803848D8AFE8&&IRACER_AUTOLINK&&> [Zugriff 2019-05-18]

Glagow-Schicha, Lisa (Hrsg.) (2005): Schule im Gender Mainstream: Denkanstöße, Erfahrungen, Perspektiven, Soest: Landesinstitut für Schule, 2005

Glaser, Edith (Hrsg.) (2004): Handbuch Gender und Erziehungswissenschaft, Bad Heilbrunn/Obb.: Klinkhardt, 2004

Glockentöger, Ilke/Adelt, Eva (Hrsg.) (2017): Gendersensible Bildung und Erziehung in der Schule: Grundlagen - Handlungsfelder - Praxis, Münster: Waxmann, 2017

Literaturverzeichnis

Häfele, Eva (2013): Mach es gleich!: Eine Lehr- und Lernmappe für Theorie und Praxis zum Thema Gender & Schule für die Arbeit mit Schülerinnen und Schülern ab 12 Jahren, Konstanz: Chancengleichheitsstelle der Stadt Konstanz, 2013

Hußmann, Anke u. a. (2017): IGLU 2016: Lesekompetenzen von Grundschulkindern im internationalen Vergleich, <https://www.kmk.org/fileadmin/Dateien/pdf/PresseUndAktuelles/2017/IGLU_2016_Pressemappe.pdf> [Zugriff 2019-05-24]

Jantz, Olaf/Brandes, Susanne (2006): Geschlechtsbezogene Pädagogik an Grundschulen: Basiswissen und Modelle, Wiesbaden: VS Verlag für Sozialwissenschaften | GWV Fachverlage GmbH Wiesbaden, 2006

Kaiser, Astrid (2003): Projekt geschlechtergerechte Grundschule: Erfahrungsbericht aus der Praxis, Opladen: Leske + Budrich, 2003

Kaiser, Astrid/Wigger, Maria (2000): Beispiele für die Arbeit in einer mädchen- und jungengerechten Grundschule. Ergebnisse des niedersächsischen Schulversuchs zum Thema "Soziale Integration": nli-Berichte 65, <http://www.nibis.de/nli1/bibl/pdf/nli65.pdf> [Zugriff 2019-05-18]

Kortendiek, Beate/Riegraf, Birgit/Sabisch, Katja (Hrsg.) (2019): Handbuch interdisziplinäre Geschlechterforschung: Mit 12 Abbildungen und 6 Tabellen, Wiesbaden: Springer VS, 2019

Literaturverzeichnis

Kunert-Zier, Margitta (2005): Erziehung der Geschlechter, Wiesbaden: VS Verlag für Sozialwissenschaften, 2005

Landesinstitut für Schulentwicklung Baden-Württemberg (2018): Bildungsberichterstattung in Baden-Württemberg 2018, <https://www.ls-bw.de/site/pbs-bw-new/get/documents/KULTUS.Dachmandant/KULTUS/Dienststellen/ls-bw/Service/Bildungsberichterstattung/Bildungsberichte/Bildungsbericht_2018/Bildungsbericht_BW_2018_J.pdf> [Zugriff 2019-05-24]

Paseka, Angelika (2008): Gender Mainstreaming in der Lehrer/innenbildung: Widerspruch, kreative Irritation, Lernchance?, Vollst. zugl.: Linz, Univ., Habil.-Schr., 2006, Innsbruck: Studien-Verl., 2008

Rendtorff, Barbara (2011): Bildung der Geschlechter, s.l.: Kohlhammer Verlag, 2011

– (2016): Bildung - Geschlecht - Gesellschaft: Eine Einführung, Weinheim/Basel: Beltz, 2016

Stadler-Altmann, Ulrike (2013): Genderkompetenz in pädagogischer Interaktion, Opladen: Verlag Barbara Budrich, 2013

Ständige Konferenz der Kultusminister der Länder in der Bundesrepublik Deutschland (Hrsg.) (2016): Leitlinien zur Sicherung der Chancengleichheit durch geschlechtersensible schulische Bildung und Erziehung: (Beschluss der Kultusministerkonferenz vom 06.10.2016/Beschluss der Konferenz der Gleichstellungs- und Frauenministerinnen und -minister, -senatorinnen und -senatoren der Länder vom 15./16.06.2016), 2016

Statistisches Landesamt Baden-Württemberg (2018): Einschulungen an Grundschulen, <https://www.statistik-bw.de/BildungKultur/SchulenAllgem/AS_einschulungen.jsp> [Zugriff 2019-05-20]

Treibel, Annette/Soff, Marianne/Meding, Martina (Hrsg.) (2014): Gender interdisziplinär: Forschungsbeiträge der Pädagogischen Hochschule Karlsruhe, Karlsruhe: Helmesverlag, 2014

Wedl, Juliette/Bartsch, Annette (2015): Teaching Gender?: Zum reflektierten Umgang mit Geschlecht im Schulunterricht und in der Lehramtsausbildung, Bielefeld: transcript Verlag, 2015

Wendt, Heike u. a. (2016): TIMSS 2015: Mathematische und naturwissenschaftliche Kompetenzen von Grundschulkindern in Deutschland im internationalen Vergleich, <http://www.ifs.tu-dortmund.de/downloads/TIMSS_2015_Pressekonferenz_Handreichung.pdf> [Zugriff 2019-05-24]

Westphal, Manuela/Schulze, Nora (2012): Gender lernen?: Genderkompetenzen für Schülerinnen und Schüler, Opladen/Berlin & Farmington Hills: Verlag Barbara Budrich, 2012

Winter, Reinhard (2018): Praxisbuch Jungen in der Schule: Pädagogische Handlungsmöglichkeiten für Lehrerinnen und Lehrer, Weinheim/Basel: Beltz, 2018